ESLC 1

EASY S~~~~~~~~~~
NOVELS FOR BEGINNERS

With 60+ Exercises & 200-Word Vocabulary

VOLUME 5
Sir Arthur Conan Doyle's

"SHERLOCK HOLMES"

ESLC READING WORKBOOKS SERIES

ALL RIGHTS RESERVED:

PUBLISHED BY:
EASY SPANISH LANGUAGE CENTER

TRANSLATED, CONDENSED AND PRODUCED BY:
Álvaro Parra Pinto

PROOFREADING:
Magaly Reyes Hill
Dinora Mata Flores

EDITOR:
Alejandro Parra Pinto

ISBN-13: 978-1534806900
ISBN-10: 1534806903

FREE BONUS:

Boost Your Spanish Reading Skills!

THANKS FOR BUYING OUR BOOK! And to express our gratitude, we'd like to give you our **Free 60-Page Guidelines and Exercises To Boost Your Spanish Reading Skills** completely free!

Claim your bonus here:

http://www.easyspanishlanguagecenter.com

ESLC READING WORKBOOKS SERIES

VOLUME 1:
THE LIGHT AT THE EDGE OF THE WORLD
by Jules Verne

*

VOLUME 2:
THE LITTLE PRINCE
by Antoine de Saint-Exupery

*

VOLUME 3:
DON QUIXOTE
by Miguel de Cervantes

*

VOLUME 4:
GULLIVER
by Jonathan Swift

*

VOLUME 5:
SHERLOCK HOLMES ADVENTURES
by Sir Arthur Conan Doyle

ABOUT THIS WORKBOOK

FUN AND EASY TO READ, this didactic workbook in Easy Spanish is based on Sir Arthur Conan Doyle´s famous novel "*A StudyinScarlet*", in which he first introduced his fictional character Sherlock Holmes, also known as the world´s greatest detective of all times. Especially translated, edited and simplified to ease reading practice and comprehension, the text includes simple wording, brief sentences, moderate vocabulary plus short and entertaining exercises. For your convenience, each chapter is followed by a glossary of Spanish common words and popular expressions and their respective English translations, as well as by fun and simple exercises designed to increase your reading skills, comprehension and vocabulary.

In short words, this series of workbooks published by the *Easy Spanish Language Center* aims to provide simple reading practice and boost the development of reading comprehension by offering adequate texts and exercises especially designed to increase the understanding of Spanish as a second language, not only helping students recognize and understand new expressions in a given text, but also to help them identify main ideas, relationships and sequencing based on the understanding that reading is "*a complex, active process of constructing meaning*" instead of "*mere skill application.*"

THANKS FOR CHOOSING US AND ENJOY YOUR READING PRACTICE!

CONTENTS

I- EL DETECTIVE MÁS FAMOSO DEL MUNDO

¡BIENVENIDOS! YO SOY EL DOCTOR JOHN WATSON y tengo el honor de conocer y ser el **amigo de confianza** del detective más famoso del mundo: ¡Sherlock Holmes!

¿Saben quién es? ¡Estoy seguro que sí!

Sherlock Holmes es un célebre **investigador privado** que vive y trabaja en Londres, Inglaterra. Es un hombre extraordinario, muy inteligente y con gran imaginación. Tiene **el don natural** de la intuición y domina varias **especialidades científicas**.

Nació en Inglaterra en 1854, donde se convirtió en experto en **medicina, anatomía, leyes, astronomía, botánica, geología, música** y, **sobre todo, química**. ¡Además es un notable **boxeador y esgrimista**!

Como detective, siempre aplica métodos científicos, **principalmente basado** en los **principios básicos** de la lógica y la deducción.

Su exclusivo método de observación y su enorme capacidad intelectual le permiten resolver los más difíciles casos criminales con gran facilidad. ¡Es capaz de conocer a una persona **a primera vista**, con sólo observar pequeños detalles **aparentemente** de poca importancia!

Cuando lo conocí, Holmes trabajaba en el laboratorio de química del hospital Saint Bartholomew. ¡Y desde entonces he compartido grandes aventuras él!

Hoy, finalmente, he decidido escribirlas, comenzando con nuestro primer caso juntos, conocido como *"Un Estudio en Escarlata"*, narrado a continuación.

¿Quién soy yo? Pues, yo soy un joven médico cirujano inglés, graduado con honores en la Universidad de Oxford. Nací en Hampshire en 1852 y desde que era niño me destaqué como buen estudiante.

Me interesan mucho las investigaciones científicas de todo tipo. Por eso me gusta mucho trabajar con Sherlock Holmes, quien además de ser mi buen amigo es el más grande detective que he conocido. **¡Es el mejor!**

Gracias a la ayuda de Holmes, la policía de Scotland Yard se hizo famosa mundialmente. Juntos han resuelto incontables casos y **encerrado tras las rejas** a numerosos criminales. ¡No hay nadie como él!

Y ahora que ya nos conocemos, ¡es hora de dar comienzo a nuestra historia!

DESPUÉS DE LA LECTURA

VOCABULARIO

1-Amigo de confianza = trusted friend

2-Investigador privado = private eye (private investigator)

3-Don natural = natural gift

4-Especialidades científicas = scientific specialties

5-Medicina = medicine

6-Anatomía = anatomy

7-Leyes = law

8-Astronomía = astronomy

9-Botánica = botany

10-Geología = geology

11-Música = music

12-Sobre todo = above all

13-Química = chemistry

14-Boxeador = boxer

15-Esgrimista = fencer

16-Principalmente basado = mainly based

17-Principios básicos = basic principles

18-A primera vista = at first glance (at first sight)

19-Aparentemente = apparently

20-¡Es el mejor! = He´s the best!

21-Encerrado tras las rejas = locked behind bars

EJERCICIOS

1.-Completa la oración:

a.- El doctor John H. Watson es el amigo de confianza del _____ más famoso del mundo: ¡Sherlock Holmes!

b.- Sherlock Holmes es un célebre investigador privado que vive y trabaja en ____, Inglaterra

c.- A John H. Watson le _____ mucho trabajar con Sherlock Holmes.

2.-Responde Verdadero o Falso:

a.-Holmes es un hombre ignorante y sin imaginación__

b.-Holmes es un famoso ingeniero__

c.-Gracias a Holmes, la policía de Scotland Yard fue odiada__

3.-Preguntas de selección múltiple:

Seleccione una única respuesta por cada pregunta:

1.-¿Quién es Watson?

a.-El amigo de confianza de Sherlock Holmes.

b.-El cocinero de Sherlock Holmes.

c.-El médico de Sherlock Holmes.

d.-Un detective privado.

2.-¿Dónde vive Sherlock Holmes?

a.-Rio Janeiro.

b.-Londres.

c.-Nueva York.

d.-En otro planeta.

3.-¿Qué profesión tiene Watson?

a.-Mago.

B.-Barrendero.

c.-Médico.

d.-Policía.

4.-Un Estudio en Escarlata es el nombre del:

a.-Primer caso de Watson y Holmes juntos.

b.-La calle donde vivía Sherlock Holmes.

c.-El Perro de Sherlock Holmes.

d.-No significa nada.

SOLUCIONES CAPÍTULO 1

1.-Completa la oración:

a.-detective.

b.-Londres.

c.-gusta.

2.-Responde Verdadero o Falso:

a.-F.

b.-F.

c.-F.

3.-Preguntas de selección múltiple:

1.-a.

2.-b.

3.-c.

4.-a.

II- MI REGRESO A LONDRES

ERAN TIEMPOS DE GUERRA. Londres **todavía era** una ciudad modesta del **siglo XIX**, sin teléfonos ni luz eléctrica y con **coches tirados por caballos**.

En aquellos días, el gobierno inglés facilitaba los estudios de medicina para **servir al Ejército** en los **campos de batalla**. Gracias a esto, yo me gradué de médico en la Universidad de Oxford y luego fui enviado a la guerra de Afganistán.

Durante la guerra fui herido de gravedad. **Casi morí en acción**, pero afortunadamente me salvaron la vida al llevarme a tiempo a un hospital.

Pasé varios meses entre la vida y la muerte. Y cuando finalmente me recuperé, fui dado de baja y regresé a Inglaterra.

Cuando llegué a Londres no tenía trabajo ni mucho dinero. Por eso inicialmente viví en un **hotel barato**.

Una tarde visité un pequeño bar y **me topé con** un viejo amigo de apellido Stamford, médico cirujano como yo. Al verme se acercó a mí y nos saludamos con alegría:

-¡Watson! ¡Qué placer encontrarlo aquí!

-¡Stamford! ¡Qué bueno volver a verte!

Mientras bebimos cerveza, le hablé sobre mi experiencia en la guerra y le dije que no tenía trabajo.

-Vivo en un pequeño hotel pero necesito mudarme –le dije **con preocupación**-. ¡Pero no tengo mucho dinero! ¡Realmente **no sé qué hacer**!

Entonces Stamford me dio una buena noticia:

-No se preocupe, Watson...Tengo un amigo que quiere **compartir un apartamento**. Lo alquilan a muy buen precio. Si pagan la renta entre los dos será mucho más económico para ambos. ¿Qué le parece?

Stamford me dijo que su amigo era un hombre **muy peculiar** y que trabajaba en el **laboratorio químico** del hospital Saint Bartholomew.

-**¿Alguna vez ha oído hablar de** Sherlock Holmes? –me preguntó.

-¿Sherlock Holmes? No, **¡nunca oí hablar de él!**

-Es un hombre muy inteligente, aunque **un poco excéntrico**... Quizás no le agrade cuando lo conozca.

-¿Por qué? –le pregunté con preocupación- ¿Es un hombre indecente, enfermo o loco?

-No, doctor Watson, ¡eso no! Lo que sucede es que mi amigo tiene una **personalidad inusual**. Le aseguro que es muy agradable, tranquilo y **cien por ciento confiable**... aunque le gusta investigar asuntos extraños y misteriosos.

-¿Asuntos extraños y misteriosos? ¿Qué tipo de asuntos?

-Nadie sabe en qué trabaja Holmes exactamente. Y él nunca lo dice. Pero sé que asiste a clases en diferentes escuelas de la Universidad de Oxford. Además es un notable **químico** y **siempre impresiona a sus profesores** con su extraordinaria inteligencia y memoria.

-Me gustan las personas inteligentes, Stamford. ¿Cuándo podemos hablar con Holmes?

-Podemos ir ahora mismo. A esta hora seguramente lo encontraremos en el hospital Saint Bartholomew. **¡Vamos!**

DESPUÉS DE LA LECTURA

VOCABULARIO

1-Todavía era = was still

2-Siglo XIX = 19th Century

3-Coches tirados por caballos = horse-drawn carriages

4-Servir al Ejército = serve the Army

5-Campos de batalla = battlefields (battlegrounds)

6-Casi morí en acción = almost died in action

7-Hotel barato = cheap hotel.

8-Me topé con = I stumbled upon

9-Con preocupación = worriedly

10-No sé qué hacer = I don´t know what to do

11-Compartir un apartamento = share an apartment (share a flat)

12-Muy peculiar = very peculiar

13-Laboratorio químico = chemical lab

14-Alguna vez ha oído hablar de = have you ever heard of

15-¡Nunca oí hablar de él! = I´ve never heard of him!

16-Un poco excéntrico = a bit eccentric

17-Personalidad inusual = unusual personality

18-Cien por ciento confiable = a hundred percent reliable (or trustworthy)

19-Químico = chemist

20-Siempre impresiona a sus profesores = always impresses his teachers

21-¡Vamos! = Let´s go!

EJERCICIOS

1.-Completa la oración:

a.-En el siglo XIX, Londres era una ciudad sin teléfonos ni luz eléctrica y con _____ tirados por caballos.

b.-Stamford tenía un _____ que quería compartir un apartamento.

c.-Sherlock Holmes era un notable _____ que impresionaba a sus profesores.

2.-Responde Verdadero o Falso:

a.-Watson fue herido de gravedad en la guerra de Afganistán __

b.-Según Stamford, Sherlock Holmes era un hombre muy peculiar ___

c.-Sherlock Holmes odiaba investigar asuntos extraños y misteriosos __

3.-Preguntas de selección múltiple:

Seleccione una única respuesta por cada pregunta:

1.-¿Quién está narrando la historia?

a.-Sherlock Holmes.

b.-El doctor John Watson.

c.-Un policía de Londres.

d.-Un criminal inglés.

2.-¿Dónde vivía Watson?

a.-Nueva Zelandia.

b.-Londres.

c.-Roma.

d.-Caracas.

3.-¿Dónde trabajaba Sherlock Holmes?

a.-En un laboratorio químico

b.-En una perrera

c.-En la policía de Londres

d.-No trabajaba

4.-¿Cuándo dijo Stamford que Watson conocería a Sherlock Holmes?

a.-Un mes después.

b.-Ese mismo día.

c.-La siguiente semana.

d.-No dijo cuando.

SOLUCIONES CAPÍTULO 2

1.-Completa la oración:

a.-coches.

b.-amigo.

c.-químico

2.-Responde Verdadero o Falso:

a.-V.

b.-V.

c.-F.

3.-Preguntas de selección múltiple:

1.-b.

2.-b.

3.-a.

4.-b.

III.- CÓMO CONOCÍ A SHERLOCK HOLMES

CUANDO LLEGAMOS AL HOSPITAL SAINT BARTHOLOMEW, **encontramos** a Holmes en el laboratorio químico, sentado frente a un microscopio, completamente concentrado en su trabajo.

Sin perder tiempo, Stamford se acercó a su amigo y **nos presentó**:

-¡Amigo Holmes! –le dijo-. Quiero presentarle a mi **colega**, el doctor John Watson, un **viejo y querido amigo**.

-Mucho gusto, señor Holmes –le dije dándole un **fuerte apretón de manos**.

-El gusto es mío –contestó Holmes con una sonrisa-. **Estoy a su servicio**... ¡Ah! ¡Veo que usted estuvo recientemente en la guerra de Afganistán!

-¡Así es! –exclamé asombrado-. ¿Pero cómo lo sabe usted?

-En otra ocasión se lo diré, doctor Watson –respondió Holmes sonriente-. Y ya que ustedes dos son **hombres de ciencia** quiero confesarles que acabo de hacer un gran descubrimiento.

-¿Un gran descubrimiento? –pregunté **intrigado**.

-¡Sí! **Caballeros**, acabo de descubrir un reactivo para detectar la presencia de hemoglobina... ¡Será muy útil para la policía de Londres! Permite saber en pocos segundos si hay sangre humana en la ropa de las víctimas de homicidio. **Como ustedes saben**, los métodos empleados en el presente demoran meses y **casi nunca** dan resultados confiables. ¡Pero mi nuevo método es infalible!

-Felicitaciones, señor Holmes –le dije con admiración, sorprendido por su valioso descubrimiento.

-Amigo Holmes -dijo Stamford-, ¿todavía busca a alguien para compartir un apartamento?

-¡**Claro que sí**! –exclamó Holmes-. Me ofrecieron un amplio apartamento en Baker Street. Pero la renta es **un poco cara** para mí. Por eso, busco a alguien para compartirlo.

-¡Entonces le tengo buenas noticias! –agregó Stamford-. Mi amigo Watson también está buscando donde vivir. Pensé que podría interesarle.

-¡Me parece estupendo! –exclamó Holmes.

-A mí también –le dije-. Aunque primero me gustaría ver el apartamento.

-Podemos ir a verlo ahora mismo. Pero le advierto, doctor Watson, que **apenas nos mudemos** pienso montar un laboratorio químico en el lugar. ¿Le molestan los **olores fuertes**?

-No me molestan —contesté-. Como médico estoy **acostumbrado** a los olores fuertes. Además, ¡me fascinan los experimentos científicos!

-Debo decirle que trabajo a toda hora y que no me gustan las interrupciones. Además, cuando trabajo me gusta fumar mi pipa. Espero que tampoco le moleste el humo…

-No se preocupe, eso no será problema, señor Holmes…

-¡Estupendo, doctor Watson! Por cierto, también toco el violín en mi tiempo libre. ¿A usted le molesta la música?

-Soy un gran amante de la buena música. No me importará, **siempre y cuando** usted toque bien...

-¡Entonces no tendremos problemas! —exclamó Holmes extendiéndome la mano-. Mañana mismo iremos a ver el apartamento. ¿Qué le parece si nos vemos al mediodía en el 221B de Baker Street?

-Me parece muy bien, señor Holmes. ¡Ahí estaré!

-De acuerdo, doctor Watson. **Sólo espero** que el apartamento le agrade y que podamos mantener una buena amistad.

Le estreché la mano en señal de acuerdo y poco después Stamford y yo nos despedimos de Holmes.

-Me agrada su amigo, aunque es algo excéntrico –le comenté a Stamford mientras nos alejamos-. ¿Cómo supo que estuve en Afganistán?

-Es uno de los secretos de Holmes.

-¿Uno de sus secretos?

-Así es. Holmes puede descubrir a primera vista las cosas más ocultas. Le advierto que es un hombre muy inteligente. Y le apuesto que él lo conocerá muy bien a usted mucho antes de que usted pueda conocerlo a él. **¡Ya lo verá!**

DESPUÉS DE LA LECTURA

VOCABULARIO

1-Encontramos = we found

2-Nos presentó = introduced us

3-Colega = colleague

4-Viejo y querido amigo = old and dear friend.

5-Fuerte apretón de manos = strong handshake

6-Estoy a sus servicio = I´m at your service

7-Hombres de ciencia = men of science

8-Intrigado = intrigued

9-Caballeros = gentlemen

10-Como ustedes saben = as you know

11-Casi nunca = hardly ever

12-¡Claro que sí! = Of course!

13-Un poco cara = a bit expensive

14-Apenas nos mudemos = as soon as we move in

15-Olores fuertes = strong odors

16-Acostumbrado = accustomed

17-Siempre y cuando = as long as

18-Sólo espero = I just hope

19-Le estreché la mano = I shook his hand

20-¡Ya lo verá! = You´ll see!

EJERCICIOS

1.-Completa la oración:

a.-Holmes se encontraba en el laboratorio químico, sentado frente a un _____.

b.-Holmes le dijo a Watson que había estado en la ___de Afganistán.

c.-A Holmes le gustaba fumar pipa _____.

2.-Responde Verdadero o Falso:

a.-Holmes hizo un gran descubrimiento científico_____

b.-A Watson no le gustaban los experimentos químicos ___

c.-Holmes y Watson se estrecharon las manos en señal de acuerdo__

3.-*Preguntas de selección múltiple:*

Seleccione una única respuesta por cada pregunta:

1.-¿Cuál fue el descubrimiento de Sherlock Holmes?

a.-La fuente de la juventud.

b.-Un reactivo químico para detectar el color de los ojos.

c.-Un reactivo químico para detectar la presencia de hemoglobina.

d.-No hizo ningún descubrimiento.

2.-¿Qué instrumento musical tocaba Holmes en su tiempo libre?

a.-Guitarra.

b.-Violín.

c.-Flauta.

d.-Ninguno de los anteriores.

.

3.-¿Qué le dijo Sherlock Holmes a Watson al despedirse?

a.-¡Espero no verlo nunca más!

b.- Espero que podamos tener una buena amistad.

c.-¡Arréglese la corbata porque está torcida!

d.-¡Lo espero mañana para jugar ajedrez!

4.-*¿Qué advertencia le dio Stamford a Watson al despedirse?*

a.-Sherlock Holmes es un hombre muy inteligente

b.-¡Cuídese! ¡Sherlock Holmes está loco!

c.-¡Sherlock Holmes es un bandido!

d.-No le dio ninguna advertencia.

SOLUCIONES CAPÍTULO 3

1.-Completa la oración:

a.-microscopio.

b.-guerra.

c.-pipa.

2.-Responde Verdadero o Falso:

a.-V.

b.-F.

c.-V.

. 3.-Preguntas de selección múltiple:

1.-c.

2.-b.

3.-b.

4.-a.

IV.- EL APARTAMENTO DE BAKER STREET

AL DÍA SIGUIENTE, HOLMES Y YO FUIMOS a conocer el apartamento de Baker Street.

Como el lugar era grande y espacioso, le pregunte a Holmes si podía montar mi **consultorio médico** en una de las **habitaciones**.

-No hay problema -dijo Holmes.

Esa misma tarde nos mudamos. Mientras yo instalé mi consultorio médico en una habitación, mi nuevo amigo preparó su laboratorio químico en otra.

Holmes era un hombre ordenado, modesto y disciplinado. Pasaba largas horas en su laboratorio y tenía una memoria extraordinaria.

Casi todas las mañanas salía a dar **largos paseos por la ciudad**. Y en las noches tocaba el violín **maravillosamente**.

Holmes recibía numerosas visitas de hombres y de mujeres **de todas las clases sociales**. Cuando llegaba alguna visita, siempre me pedía que los dejara solos y yo me retiraba a mi habitación. Por supuesto, yo siempre respeté su decisión y nunca le pregunté sobre sus misteriosos **asuntos personales**.

Una tarde, Holmes me mostró una revista y me invitó a leer un artículo llamado: *"El Libro de la Vida"*.

Parte del texto estaba **subrayado**.

Tomé la revista y leí el artículo con curiosidad. Hablaba de un **supuesto método científico** para conocer detalles importantes sobre un desconocido a primera vista.

Cuando terminé de leerlo, Holmes me preguntó:

-¿Qué le pareció el artículo, doctor Watson?

-¡Me parece absurdo! –exclamé **devolviéndole la revista**.

-¿Absurdo? –dijo Holmes-. ¿Por qué lo dice?

-¡Porque es pura fantasía!

-¿Eso piensa, doctor Watson?

-Eso mismo... Y también pienso que el hombre que escribió el artículo ni siquiera es un científico... **¡Le apuesto** que su autor es un **farsante!**

-Temo que usted perderá la apuesta, doctor Watson. **¡Yo escribí ese artículo!**

-¿Usted?

-Sí, ¡yo lo escribí!

-¡No puede ser!

-Mi trabajo consiste en hacer **justamente eso**: Observar y **deducir**.

-¡Pero usted es un químico!

-Eso es lo que todos creen. Pero debo confesarle que mi verdadera profesión es muy especial. ¡Soy un detective privado!

-¿Un detective privado?

-Sí, doctor Watson. Yo trabajo secretamente con la policía de Londres.

-¿Con la policía?

-Se lo explicaré: Aquí en Londres hay dos tipos de policías: Los **oficiales de uniforme** y los **agentes secretos** de Scotland Yard. Ellos siempre me consultan cuando tienen dudas. ¡He **resuelto** muchos casos!

-¿Ese es su **verdadero trabajo**, Holmes?

-Así es, doctor Watson. Por favor, no se lo diga a nadie. ¿Recuerda usted el hombre que vino a verme **anoche**?

-¿El señor Lestrade?

-Así es. Lestrade es un agente secreto de Scotland Yard. Necesitaba mi ayuda para resolver un crimen. Por eso vino a verme.

-¿Y las demás personas que han venido a verle? ¿También son agentes secretos?

-Casi todos, doctor Watson. Llevo años resolviendo crímenes para Scotland Yard.

-¿Y usted resuelve esos crímenes sin salir de su hogar?

-**No siempre**, pero **casi siempre**.

-¿Pero cómo es posible?

-**Elemental**, mi querido Watson. Yo tengo una intuición extraordinaria y mi método de observación es **mi mejor**

herramienta. Por eso supe que usted estuvo en la guerra de Afganistán. ¿Lo recuerda? Se lo dije la primera vez que nos vimos...

-Es verdad. Pero quizás nuestro amigo Stamford se lo dijo...

-No, Stamford no me dijo nada. Lo supe basado en mi propia experiencia y en los detalles que observé cuando nos conocimos.

-¿Eso hizo, señor Holmes? ¿Usted lo supo con sólo verme?

-Así es, doctor Watson... Le confieso que mi método es infalible y mis deducciones son siempre ciertas. Por eso todos mis clientes dicen que soy el mejor investigador privado de Londres. ¡Nadie tiene la capacidad de observación que yo tengo!

-**No puedo creerlo**, señor Holmes...

-Entonces acompáñeme. ¡Se lo demostraré!

Ambos salimos a la calle y entonces Holmes me dijo:

-¿Ve usted a ese desconocido llevando un **sobre azul** en la mano?

-Lo veo... ¿Qué puede decirme de él?

-Con sólo verlo sé que ese hombre es un **oficial retirado de la Marina**.

-¿Un oficial retirado de la Marina?

En ese momento el hombre nos vio y se acercó a nosotros.

-Disculpen señores —nos dijo-. Busco al señor Sherlock Holmes. Me dijeron que **acaba de mudarse** a un apartamento en esta calle. ¿Ustedes lo conocen?

-Yo soy Sherlock Holmes —admitió mi nuevo amigo-. ¿En qué puedo servirle?

-¡Ah, qué buena suerte! Tengo un mensaje para usted, señor Holmes —dijo entregándole el sobre azul-. Es del inspector Lestrade.

-Gracias, señor. Dígale a Lestrade que me comunicaré con él cuando lea su mensaje, por favor.

Yo quise saber si Holmes estaba en lo cierto sobre aquel hombre y **sin perder tiempo** le pregunté: -Dígame, señor, ¿puede decirme en qué trabaja usted?

-Soy un **mensajero** —me contestó-. Pero antes era sargento de la marina… Estoy retirado… Y ahora, señores, debo marcharme. Que tengan buenas tardes...

¡Aquello era increíble! ¡Holmes **parecía ser** un verdadero **adivino**!

DESPUÉS DE LA LECTURA

VOCABULARIO

1-Consultorio médico = doctor´s office

2-Habitaciones = rooms

3-Largos paseos por la ciudad = long walks in the city

4-Maravillosamente = wonderfully.

5-De todas las clases sociales = of all social classes

6-Asuntos personales = personal matters

7-"El Libro de la Vida" = "The Book of Life"

8-Subrayado = underlined

9-Supuesto método científico = alleged scientific method

10-Devolviéndole = returning to him

11-Eso mismo = just that

12-Le apuesto = I bet

13-Farsante = phony

14-Temo que = I´m afraid that

15-¡Yo escribí ese artículo! = I wrote that article!

16-Justamente eso = Just that

17-Deducir = deduct

18-Eso es lo que todos creen = that's what everyone thinks

19-Oficiales de uniforme = uniformed officers

20-Agentes secretos = secret agents

21-Resuelto = solved

22-Verdadero trabajo = real job

23-Anoche = last night

24-No siempre = not always

25-Casi siempre = almost always

26-Elemental = elementary

27-Mi mejor herramienta = my best tool

28-No puedo creerlo = I can't believe it

29-Sobre azul = blue envelope

30-Oficial retirado de la Marina = retired officer of the Navy

31-Acaba de mudarse = just moved

32-Sin perder tiempo = without losing time

33-Mensajero = messenger

34-Parecía ser = seemed to be

35-Adivino = fortune teller

EJERCICIOS

1.-Completa la oración:

a.-El apartamento donde se mudaron Holmes y Watson era
_____ y espacioso

b.-Sherlock Holmes casi todas las mañanas salía a dar largos
paseos por la ____.

c.-El mensajero era un oficial retirado de la _____

2.-Responde Verdadero o Falso:

a.-Watson no montó su consultorio médico en el apartamento
____

b.-Holmes nunca recibía visitas **en** el apartamento____

c.-Holmes trabaja secretamente con la policía __

d.-Holmes parecía ser un verdadero adivino ___

3.-Preguntas de selección múltiple:

Seleccione una única respuesta por cada pregunta:

1.-Sherlock Holmes era un hombre:

a.-Malhumorado, desordenado e indisciplinado

b.-Ordenado, modesto y disciplinado

c.-Descuidado y borracho.

d.-Rico y vanidoso.

2.-¿Quién era el señor Lestrade?

a.-Un guitarrista famoso.

b.-Un payaso de circo.

c.- Un agente secreto de Scotland Yard.

d.-Ninguno de los anteriores.

3.-¿Cuál era la verdadera profesión de Sherlock Holmes?

a.-Cocinero.

b.-Policía.

c.-Investigador Privado.

d.-Músico de orquesta.

4.-¿Cuánto tiempo tenía Holmes resolviendo casos criminales?

a.-Un mes.

b.-Un día.

c.-Varios años.

d.-Nunca resolvió un caso en toda su vida.

SOLUCIONES CAPÍTULO 4

1.-Completa la oración:

a.-grande.

b.-ciudad.

c.-marina.

2.-Responde Verdadero o Falso:

a.-F.

b.-F.

c.-V.

d.-V.

3.-Preguntas de selección múltiple:

1.-b.

2.-c.

3.-c.

4.-c.

V.- EL CRIMEN DEL JARDÍN LAURISTON

SHERLOCK HOLMES ABRIÓ EL SOBRE y leyó el mensaje en silencio.

-¿Cómo lo adivinó? –le pregunté.

-¿Adiviné qué? –me respondió sin levantar la mirada del papel.

-¿Cómo adivinó que el mensajero era un oficial retirado de la Marina?

-No fue así, amigo Watson. **¡Yo no adiviné nada!** ¡No soy un adivino!

-¿Entonces cómo supo que ese mensajero era un oficial retirado de la marina?

-Pues, al verlo noté que llevaba un **tatuaje azul** en una de sus manos. Los tatuajes como ese son característicos en los **hombres de mar**. También noté sus **patillas** y **barba** de militar. Además, caminaba como lo hacen los militares, eso lo **delató**. ¿Qué más podía ser?

-¡Me asombra su gran observación y deducción! –le dije sorprendido.

-Eso no fue nada –me dijo entregándome la carta-. Lea esto en voz alta. Es mucho más importante…

La carta hablaba sobre un horrible crimen:

Estimado señor Sherlock Holmes: Creemos que hubo un asesinato en la casa número 3 de la calle del Jardín Lauriston, cerca de Brixton.

Anoche el cuerpo fue descubierto por un guardia en una casa abandonada. De acuerdo con los papeles de identidad que el guardia halló en sus bolsillos la víctima es un norteamericano llamado Enoch J. Drebber, de Cleveland, Ohio.

Por favor venga cuanto antes a la escena del crimen.

La carta llevaba las firmas del agente Gregson y el inspector Lestrade de Scotland Yard.

–Esto es urgente, doctor Watson. ¡Debo ir a Brixton inmediatamente!

-¿Inmediatamente? –le pregunté **desconcertado**.

-Así es, doctor Watson. Necesito ver la **escena del crimen** lo antes posible…

-¡Entonces iré con usted!

No tardamos mucho en conseguir un coche que nos llevó a Brixton.

Cuando llegamos a la calle del Jardín Lauriston, nos bajamos del coche a unos cien metros de la casa donde se cometió el crimen.

Sin perder tiempo, Holmes examinó el **suelo** y los **alrededores** del lugar.

Como llovió la noche anterior, halló muchas **huellas de pisadas** en el **barro**. Luego examinó las casas vecinas y los altos **muros de piedra** que rodeaban la residencia número 3.

Un policía alto y fuerte nos esperaba en la puerta.

-¡Oficial Gregson! –exclamó Holmes al verlo.

-Gracias por venir –dijo el policía estrechando su mano-. ¡Qué bueno que **decidió venir**! No hemos tocado nada desde que descubrimos el cuerpo de la víctima...

-Sin embargo –dijo Holmes-, ustedes causaron desastres en la entrada...

-¿Por qué lo dice? –preguntó Gregson.

-Porque destruyeron muchas huellas que estaban en el barro... **¡Una manada de búfalos** hubiera sido más cuidadosa que ustedes! ¿Ya examinaron el jardín?

-El inspector Lestrade examinó el jardín. Hable con él...

-De acuerdo, Gregson, hablaré con el inspector Lestrade –dijo Holmes-. **Por cierto**, ¿ustedes llegaron en coche?

-No, señor...

-**¡Eso cambia todo!** –exclamó Holmes con un extraño **brillo** en los ojos-.

-Disculpe –dijo el policía-, ¿por qué lo dice?

-Después se lo explicaré, Gregson. Ahora debo ver el **cadáver** y examinar la escena del crimen...

DESPUÉS DE LA LECTURA

VOCABULARIO

1-¿Cómo lo adivinó? = How did you guess?

2-¿Adiviné qué? = Guess what?

3-¡Yo no adiviné nada! = I didn't guess anything!

4-Tatuaje azul = blue tattoo

5-Hombres de mar = seamen

6-Patillas = sideburns

7-Barba = beard

8-Lo delató = gave him away

9-Desconcertado = startled.

10-Escena del crimen = crime scene

11-Suelo = ground

12-Alrededores = surroundings

13-Huellas de pisadas = footprints

14-Barro = mud

15-Muros de piedra = stone walls

16-Decidió venir = decided to come

17-Una manada de búfalos = a herd of buffalo

18-Por cierto = by the way

19-Eso cambia todo = that changes everything

20-Brillo = glow

21-Cadáver = corpse

EJERCICIOS

1.-Completa la oración:

a.-El mensajero llevaba un tatuaje azul en una de sus _____

b.-Holmes tenía una gran capacidad de observación y ____.

c.-Watson y Holmes se bajaron cerca de la casa donde se cometió el ____

d.- Holmes le pregunto a Gregson si habían llegado en _____

2.-Responde Verdadero o Falso:

a.-Holmes era un verdadero adivino____

b.-Watson acompaño a Holmes a la escena del crimen___

c.-Gregson lloraba cuando Holmes llegó a la escena del crimen ____

3.-Preguntas de selección múltiple:

Seleccione una única respuesta por cada pregunta:

1.-Según Holmes los tatuajes azules en las manos son característicos de:

a.-La guardia nacional.

b.-Los marinos.

c.-Los aviadores.

d.-Los asesinos.

2.-¿De que hablaba la carta que recibió Holmes?

a.-Sobre su abuela.

b.-Sobre la mamá de Watson.

c.-Sobre un horrible crimen.

d.-No hablaba de nada.

3.-¿Quién era la víctima del asesinato?

a.-El perro del vecino.

b.-Un norteamericano de apellido Drebber.

c.-Una francesa llamada Brigitte.

d.-Nadie fue asesinado.

4.-¿ Quiénes le pidieron ayuda a Holmes para resolver el asesinato?

a.-Su tía Martha.

b.-Gregson y Lestrade.

c.-Drebber y Brigitte.

SOLUCIONES CAPÍTULO 5

1.-Completa la oración:

a. manos

b. deducción

c. crimen

d.-coche

2.-Responde Verdadero o Falso:

a.-F

b.-V

c.-F

3.-Preguntas de selección múltiple:

1.-b

2.-c

3.-b

4.-b

VI.- UNA MUERTE MISTERIOSA

LOS TRES PENETRAMOS A LA CASA. Cerca de la entrada estaba el cadáver, tendido en el piso. Tenía los ojos abiertos mirando hacia el techo y en su rostro una horrible **mueca**.

¡Yo jamás había visto algo tan impresionante!

Al vernos llegar, el inspector Lestrade se acercó a nosotros:

-¡Amigo Holmes! –exclamó- **¡Qué bueno verle**!

-Vine lo más rápido que pude, inspector –dijo Holmes-. Le presento a mi buen amigo el doctor Watson.

-Mucho gusto, inspector –le dije estrechando su mano.

-Es un placer –me dijo el oficial-. Lamento que nos conozcamos **bajo estas circunstancias**. ¡Este caso es realmente desconcertante!

-¿Qué fue lo que sucedió? –preguntó Holmes mirando el cadáver.

-¡**Desearía saberlo**! –contestó Lestrade-. No tenemos ni una sola **pista** que nos ayude a saber qué pasó. La víctima no tiene **heridas** de **bala** ni **arma blanca**… ¡Todavía no sabemos si realmente fue un asesinato!

Holmes se inclinó y en silencio examinó **el cuerpo sin vida**:

-¿No tiene heridas? Yo veo algunas **gotas de sangre** en su ropa y en el piso.

-¡Pero no hay heridas! –exclamó Gregson-. Ya revisamos el cuerpo. Quizás la sangre **pertenece** al asesino.

Holmes se acercó al cadáver y **olfateó** su rostro. Luego examinó la suela de sus botas y un sombrero que estaba al lado del cuerpo, hecho en Londres según la etiqueta.

-¿Ustedes saben si alguien movió el cadáver? –preguntó Holmes.

-Creemos que no –respondió Gregson-. Yo lo moví un poco para ver si tenía alguna herida. Pero lo dejé tal como lo encontramos.

En silencio, Holmes continuó examinando a la víctima durante algunos segundos antes de **ponerse de pie**.

-Señores, ya terminé de examinar el cadáver –anunció Holmes-. Ya pueden llevárselo a la morgue.

El inspector Lestrade dio unas breves órdenes y enseguida dos camilleros levantaron el cuerpo. Pero al hacerlo, una sortija cayó al piso y Gregson la recogió.

-¡Es un anillo de bodas! –exclamó sorprendido-. ¡Y es de mujer!

Holmes tomó el anillo y lo examinó **de cerca** antes de afirmar:

-**Usted tiene razón**. Pertenece a una mujer. ¿No vieron el anillo cuando ustedes revisaron el cadáver para ver si tenía heridas?

-No, señor Holmes –dijo Gregson-. Nunca antes lo vimos…

-¿Y no encontraron nada más?

-Sólo sus papeles de identidad –respondió Gregson-. El guardia que descubrió el cadáver los halló al revisar sus bolsillos. Como le informamos en la carta que le enviamos, la víctima es un norteamericano de apellido Drebber, nacido en Cleveland, Ohio.

-Hay algo más –agregó el inspector Lestrade, señalando la pared-. Al revisar la habitación hicimos un importante descubrimiento. Como verá, el **papel tapiz** de esa pared está **rasgado** y alguien escribió con sangre el nombre "*RACHE*". Evidentemente, la víctima intentó escribir el nombre "*RACHEL*" y no pudo terminarlo... Creemos que una mujer llamada Rachel cometió el crimen… Evidentemente, es la dueña del anillo…

Holmes no dijo nada. Sacó su lupa y examinó la pared. Luego **hizo algunas mediciones** con una **cinta métrica**. Al terminar, guardó todo y preguntó:

-¿Pueden decirme dónde vive el guardia que descubrió el cadáver?

Lestrade sacó su **libreta de notas** y arrancó una **hoja**:

-Se llama John Rance –dijo entregándole el papel a Holmes-. Aquí tiene su dirección. Vive muy cerca.

-Gracias, inspector –dijo Holmes encendiendo su pipa-. Ya debo irme. Necesito hablar con ese guardia de inmediato. Debo confirmar algunas pistas. Por ahora, sólo puedo informarles que realmente fue un asesinato y que lo cometió un hombre joven y fuerte, de un metro ochenta de altura y de cara colorada.

-¿Cómo puede estar tan seguro, Holmes? –preguntó Lestrade sorprendido.

-Después se los explicaré –respondió Holmes soltando una bocanada de humo. Por cierto, es evidente que el asesino tiene pies pequeños y calza zapatos de punta cuadrada...

-¿Pero **cómo sabe todo eso**? –pregunto Gregson desconcertado.

-Por la misma razón que sé que el asesino llegó a bordo de un coche de cuatro ruedas, tirado por un solo caballo –contestó Holmes-. Y que ese animal tiene tres herraduras viejas y una nueva.

¡Todos nos quedamos con la boca abierta!

Lleno de curiosidad, decidí hacerle una pregunta a mi nuevo amigo:

-Disculpe, señor Holmes, pero como médico tengo una duda: ¿Cómo pudo el asesino matar a la víctima sin causarle heridas?

-Elemental, mi querido Watson –respondió Holmes haciendo una pausa para fumar de su pipa-. La víctima fue envenenada.

-¿Envenenada? –le preguntó Lestrade.

-**No tengo la menor duda al respecto**, inspector. ¡Ah! ¡**Casi lo olvido**! La palabra "*RACHE*" en alemán significa "*venganza*". ¡Así que no hace falta que ustedes pierdan el tiempo buscando a una mujer llamada Rachel!

DESPUÉS DE LA LECTURA

VOCABULARIO

1-Mueca = grimace

2-¡Qué bueno verle! = How good to see you!

3-Bajo estas circunstancias = under these circunstances

4-¡Desearía saberlo! = I wish I knew!

5-Pista = clue

6-Heridas = wounds

7-Bala = bullet

8-Arma blanca = knife

9-El cuerpo sin vida = the lifeless body

10-Gotas de sangre = blood drops

11-Pertenece = belongs

12-Olfateó = sniffed

13-Ponerse de pie = rise to his feet

14-De cerca = closely

15-Usted tiene razón = you're right

16-Papel tapiz = wallpaper

17-Rasgado = torn

18-Hizo algunas mediciones = made some measures

19-Cinta métrica = measuring tape

20-Libreta de notas = notebook

21-Hoja = sheet of paper

22-¿Cómo sabe todo eso? = How do you know all that?

23-No tengo la menor duda al respecto = I have no doubt about it

24-¡Casi lo olvido! = I almost forget!

EJERCICIOS

1.-Completa la oración:

1.-Completa la oración:

a.-Cerca de la entrada estaba el _____, tendido en el piso.

b.-La víctima no tiene ____ de bala ni arma blanca.

c.-Al levantar el cadáver una _____cayó al piso.

d.-Alguien escribió en la pared con sangre el nombre "___".

2.-Responde Verdadero o Falso:

a.-Lestrade no tenía ni una sola pista para aclarar el crimen_____

b.-El anillo encontrado pertenecía a una mujer ___

c.-Holmes afirmó que la víctima fue asesinada por una mujer

____

3.-Preguntas de selección múltiple:

Seleccione una única respuesta por cada pregunta:

1.-¿Qué vio Holmes en la ropa de la víctima?

a.-Vio que era ropa de mujer.

b.-Vio que no tenía bolsillos.

c.-Vio gotas de sangre.

d.-No vio la ropa.

2.-¿Cómo era el anillo que cayó al levantar la victima?

a.-Era un anillo de juguete.

b.-Era un anillo de boda.

c.-Era un anillo de la Universidad de Oxford.

d.-Era un anillo viejo y oxidado.

3.-¿Cómo era el asesino según Sherlock Holmes?

a.-Una mujer baja y gorda.

b.-Un caballo marrón y grande.

c.-Un hombre joven y fuerte.

d.-Un niño vestido de pirata.

4.-¿Según Holmes como murió la victima?

a.-Murió envenenada.

b.-Murió de hambre.

c.-Murió de miedo.

d.-Murió de risa.

SOLUCIONES CAPÍTULO 6

1.-Completa la oración:

a.-cadáver.

b.-heridas.

c.-Sortija.

d.-RACHE.

2.-Responde Verdadero o Falso:

a.-V.

b.-V.

c.-F.

3.-Preguntas de selección múltiple:

1.-c.

2.-b.

3.-c.

4.-a.

VII.- EL TESTIMONIO DEL GUARDIA RANCE

DESPUÉS DE ABANDONAR LA ESCENA DEL CRIMEN, Holmes y yo fuimos directo a la **oficina de telégrafo más cercana**.

Holmes escribió varios telegramas y después de enviarlos fuimos a la casa del guardia que había encontrado a la víctima del crimen: John Rance.

-Pronto sabremos **lo que realmente sucedió** –dijo Holmes mientras caminamos. Sólo me hace falta **atar algunos cabos sueltos**...

-Estoy confundido, Holmes. ¿Cómo supo usted que el asesino es un hombre y no una mujer?

-Elemental, mi querido Watson. Lo supe por las huellas de sus zapatos. Después de todo, no había huellas de mujer...

-¿Y cómo supo su **estatura**?

-**¡Muy fácil!** Contando el número de pasos que dio al recorrer un metro de distancia.

-¿Y cómo calculó su edad?

-**¡Más fácil todavía!** Sus huellas cruzaron largos **charcos de agua**. Y un hombre que da pasos largos no puede ser un viejo.

-**Debo confesar**, señor Holmes, que su método de observación es muy efectivo. ¿Qué más logró averiguar?

-Por ahora no diré nada más, mi querido Watson. ¡La magia pierde su atractivo cuando se revela el **truco**! **Sólo agregaré que** dos hombres, además de la víctima, entraron a la casa.

-¿Dos hombres?

-Uno tenía zapatos finos y limpios y el otro llevaba **botas de punta cuadrada**. El de botas recorrió las habitaciones de la casa mientras el otro vigilaba. También le aseguro que el asesino regresó a la casa después de haberse marchado...

-¿Regresó a la casa? **¿Por qué lo hizo?**

-Porque evidentemente el asesino perdió el anillo y necesitaba encontrarlo.

-¿El anillo?

-Ese anillo nos ayudará a resolver el crimen, doctor Watson. Y muy pronto atraparemos a ese asesino. ¡Ya lo verá!

Al anochecer llegamos a la pequeña casa donde vivía el guardia Rance con su familia.

Holmes se identificó y le dijo que necesitaba hacerle algunas preguntas sobre el crimen.

-¡Ya le dije todo lo que sé a los agentes de Scotland Yard! –protestó el guardia.

-Lo sabemos –dijo Holmes mostrándole una reluciente **moneda de oro**-. Pero le aseguro que usted será **recompensado** si responde mis preguntas. No le quitaremos mucho tiempo.

-Está bien –dijo Rance, **fijando sus ojos** sobre la moneda-. Le diré lo que sé. Anoche, después de una larga lluvia, salí a hacer mi **ronda** como todas las noches. Recorrí la calle del Jardín Lauriston con otro guardia y luego nos separamos. Después de despedirnos, vi una luz en una casa **supuestamente** deshabitada. Eso **llamó mi atención**. Nadie vivía en ella desde hacía mucho tiempo. Como no era normal caminé hasta la puerta...

-En ese momento usted se detuvo, ¿no es verdad? –señaló Holmes- Y después regresó a la entrada del jardín. ¿Por qué hizo eso?

-¿Cómo sabe lo que hice? –preguntó el guardia sorprendido.

-Sólo lo sé. Siga con su historia, por favor...

-Bien, yo regresé a entrada del jardín y llamé al otro guardia. No estaba lejos. Le pedí su linterna y al regresar a la puerta no vi a nadie. Luego vi que estaba la puerta abierta. Al entrar a la casa, vi que la chimenea estaba encendida. ¡Y entonces vi el cadáver en el piso!

-Ya lo sé–admitió Holmes-. Entonces usted se acercó al muerto, se arrodilló junto a él y registró sus bolsillos para ver si conseguía su documento de identidad...

-¡Así fue! –exclamó el guardia.

-Después recorrió la casa para ver si había alguien más –agregó el detective-. Pero no consiguió a nadie y entonces se marchó.

-¡No puedo creerlo! ¿Cómo lo sabe?

Holmes sonrió y dijo: -¡No piense que yo cometí el crimen! ¡Soy el **perro de caza** que busca al asesino! Siga, por favor, ¿qué más hizo usted?

-Yo salí una vez más y llamé al otro guardia. Después de contarle lo sucedido yo me quedé vigilando la casa y él fue a la comisaría para notificar el crimen. Estuve despierto toda la noche, hasta que llegaron los agentes de Scotland Yard.

-¿A qué hora llegaron? –preguntó Holmes.

-Poco después de la madrugada.

-¿Vio usted algún carruaje mientras vigiló la casa?

-No, señor. La calle estuvo desierta toda la noche. Es todo lo que sé.

Después de escuchar el **testimonio** del guardia, Holmes le entregó la moneda de oro y juntos regresamos a nuestro apartamento de Baker Street.

Por más que le pregunté, esa noche no quiso hablar más sobre el crimen.

DESPUÉS DE LA LECTURA

VOCABULARIO

1-Oficina de telégrafo más cercana = nearest telegraph office

2-Lo que realmente sucedió = what really happened

3-Atar algunos cabos sueltos = tie some loose ends

4-Estatura =height

5-¡Muy fácil! = Very easy!

6-¡Más fácil todavía! = Easier still!

7-Charcos de agua = puddles

8-Debo confesar = I must confess

9-Truco = trick

10-Sólo agregaré que = I will only add that

11-Botas de punta cuadrada = square-pointed boots

12-¿Por qué lo hizo? = Why did he do it?

13-Moneda de oro = golden coin

14-Recompensado =rewarded

15-Fijando sus ojos = fixing his eyes

16-Ronda = round

17-Supuestamente = supposedly

18-Llamó mi atención = drew my attention

19-Perro de caza = hunting dog

20-Testimonio = testimony

EJERCICIOS

1.-Completa la oración:

a.-Después de ver la escena del crimen, Holmes y Watson visitaron la oficina de _____ más cercana.

b.- Según Holmes, un hombre que da pasos largos no puede ser un _____.

c.-Al entrar a la casa, el guardia Rance vio que la _____ estaba encendida.

d.-Mientras Rance vigiló la casa, otro guardia fue a la _____ y reportó el crimen.

2.-Responde Verdadero o Falso:

a.-El guardia que encontró la víctima se llamaba Juan Rojas _____

b.-Watson pensó que el método de Holmes es muy efectivo ____

c.-Holmes dedujo que el asesino era un hombre por sus huellas _____

d.-Nadie vivía en la casa del crimen desde hacía mucho tiempo____

3.-Preguntas de selección múltiple:

Seleccione una única respuesta por cada pregunta:

1.-¿Cómo supo Holmes que el asesino era un hombre?

a.-Por una corbata que encontraron junto a la víctima.

b.-Por las huellas que dejaron sus zapatos

c.-Porque dejó su tarjeta de presentación junto a la víctima

d.-Porque no usaba falda.

2.-¿Por qué Holmes pensó que dos hombres, además de la víctima, entraron a la casa?

a.-Por las huellas de los zapatos

b.-Porque dejaron sus firmas en la pared

c.-Porque dejaron sus sombreros en el piso

d.-No es cierto que Holmes pensaba eso

3.-¿Al entrar a la casa del crimen que vio el guardia?

a.-Vio un perro negro ladrando.

b.-Vio la chimenea encendida y un cadáver en el piso.

c.-Vio a la reina de Inglaterra.

d.- No entro a la casa porque tenía miedo.

4.-¿Según el guardia Rance a qué hora llegaron los agentes de Scotland Yard?

a.-Tres de la tarde.

b.-Poco después de la madrugada.

c.-Al mediodía.

d.-En la noche.

SOLUCIONES CAPÍTULO 7

1.-Completa la oración:

a.-Telégrafo

b.-viejo

c.-chimenea

d.-comisaría

2.-Responde Verdadero o Falso:

a.-F

b.-V

c.-V

d.-V

3.-Preguntas de selección múltiple:

1.-b

2.-a

3.-b

4.-b

VIII.- EL AVISO DE PRENSA

LA MAÑANA SIGUIENTE, Holmes **salió a caminar**.

Yo preferí quedarme en el apartamento. ¡Por más que lo intenté no pude dejar de pensar en el horrible crimen!

Poco antes del mediodía, Holmes regresó y me preguntó si yo había leído **las noticias**.

-La noticia del asesinato apareció en todos los diarios de la ciudad —me dijo mostrándome un ejemplar del *London Times*-. Todos hablan del asesinato del norteamericano. Sin embargo, ¡ninguno menciona el anillo! ¡La suerte está de nuestro lado!

-¿Por qué lo dice, Holmes?

-Ya lo sabrá, doctor Watson, **sea paciente**. ¿Recuerda los telegramas que envié ayer?

-Por supuesto, Holmes. Pero usted nunca me dijo lo que escribió.

-Con esos telegramas mandé a publicar un **aviso de prensa** en la sección de **objetos perdidos** de todos los diarios de Londres.

-¿En la sección de objetos perdidos?

-Así es, querido Watson –dijo **ojeando las páginas** el periódico-. ¡Aquí está el aviso! ¿Puede usted leerlo **en voz alta**, por favor?

Hice lo que Holmes me pidió:

> *Se busca al dueño de un anillo de oro encontrado en la calle del Jardín Lauriston. Para más información contacte al Doctor John H. Watson en Baker Street, 221B.*

-Excúseme por usar su nombre –me dijo–. Lo hice para evitar sospechas. **Después de todo**, muchas personas saben que trabajo con la policía.

-No hay problema, Holmes. ¿Pero si alguien viene a buscarlo qué le diré? ¡Nosotros no tenemos ese anillo!

-No se preocupe –dijo Holmes sacando una copia del anillo de uno de sus bolsillos-. Como verá, este anillo se parece al original. Si alguien viene, sólo entréguele la copia. Espero que venga el hombre con botas de punta cuadrada. Seguramente enviará a un cómplice si no puede venir. Ese hombre arriesgará todo por rescatar la sortija. Sé que vendrá muy pronto, ¡ya lo verá!

Poco después de terminar nuestro almuerzo alguien **tocó la puerta** del apartamento y preguntó por mí.

-¡Debo esconderme! –**susurró** Holmes antes de desaparecer en su habitación.

Abrí la puerta y vi a una **anciana** muy alta y **encorvada**, con una larga cabellera blanca.

-¿Es usted el doctor Watson? –me preguntó.

-Sí, señora, ¿en qué puedo servirle?

-**Leí su aviso**, doctor. ¡Necesito hablar con usted!

-Pase adelante –le dije invitándola a pasar-. ¿En qué puedo servirle?

-Gracias, vine por el anillo –dijo la anciana entrando al apartamento-. Quiero verlo, doctor. Creo que es el anillo que perdió mi hija Sally. ¡Ella estará feliz de recuperarlo!

Le mostré el anillo.

La anciana lo examinó y me dijo que era de su hija.

-¿Puede decirme su nombre, señora? –le pregunté.

-Soy Maggie Hill. Mi hija Sally y su esposo Tom Dennys viven conmigo.

-¿Puede usted darme su dirección, por favor? –le pregunté.

-No hay problema, doctor.

Después de anotar su dirección, le entregué el anillo.

-Me alegra que todo se haya solucionado – le dije antes de despedirnos.

La anciana se fue muy contenta con el anillo.

Apenas cerré la puerta, Holmes salió de su escondite y le entregué su dirección.

Sin perder tiempo, el detective se puso su abrigo y su sombrero, además de una **bufanda** para cubrir su rostro: -¡Espéreme aquí, doctor Watson! –me dijo antes de salir a toda prisa detrás de la anciana.

Mientras esperé a Holmes, tomé el periódico y leí la noticia del crimen.

El periódico se refería al asesinato como el *"Misterio de Brixton"*. La víctima era Enoch J. Drebber, un comerciante norteamericano con poco tiempo en Inglaterra. Vivía en un pequeño hotel de Londres y poca gente lo conocía.

La dueña del hotel dijo que el día de su muerte el señor Drebber tomó un **coche de alquiler** y se fue a la estación de tren con un abogado inglés de apellido Stangerson. Antes de salir, informó que esa tarde viajaría a Liverpool y pronto regresaría. Y esa fue la última vez que ella lo vio con vida.

Holmes tardó una hora en regresar al apartamento.

-¡No vas a creerlo, Watson! —me dijo al llegar-. Seguí a la anciana a través de la ciudad. ¡Y entonces me llevé una gran sorpresa!

—¿Una sorpresa?

-¡Sí, Watson! ¡Todo fue un engaño! ¡La anciana era un actor **disfrazado**!

-¿Un actor?

-¡Sí, Watson! ¡Un hombre joven y fuerte, tal como yo describí al asesino! Pero él se dio cuenta que yo lo seguía… ¡y finalmente **logró escapar**!

DESPUÉS DE LA LECTURA

VOCABULARIO

1-Salió a caminar =went out for a walk.

2-Las noticias = the news

3-Sea paciente = be patient

4-Aviso de prensa = newspaper ad

5-Objetos perdidos = lost items

6-Ojeando las páginas = scanning through the pages

7-En voz alta = out loud

8-Después de todo = after all

9-Tocó la puerta = knocked on the door

10-Susurró = whispered

11-Anciana = old lady (old woman)

12-Encorvada = with a bent back

13-Leí su aviso = I read your ad

14-Bufanda = scarf

15-Coche de alquiler = rental coach (rental car)

16-Disfrazado = disguised

17-Logró escapar = managed to escape

EJERCICIOS

1.-Completa la oración:

a.-La noticia del asesinato apareció en todos los ____ de la ciudad.

b.-Holmes mando a publicar un aviso de ____ en la sección de objetos perdidos.

c.-Watson abrió la puerta y vio una _____ muy alta y encorvada.

d.-La dueña del hotel dijo que el día de su muerte el señor Drebber tomó un coche de ____.

2.-Responde Verdadero o Falso:

a.-Todos los diarios hablaban del asesinato del hombre chino __

b.-Holmes tenía una copia del anillo que tenía la victima __

c.-La víctima fue identificada como un joven italiano__

d.-El apellido del abogado de Drebber era Stangerson__

3.-Preguntas de selección múltiple:

Seleccione una única respuesta por cada pregunta:

1.-¿Qué decía el aviso de prensa que Holmes mando a publicar?

a.-Se busca mayordomo con buena presencia.

b.-Se alquila apartamento en Baker Street.

c.-Se busca al dueño de un anillo de oro.

d.-Se dan clases de español a domicilio.

2.-¿Quién esperaba Holmes que fuera a buscar el anillo?

a.-El guardia Rance.

b.-Britney Spears.

c.-El hombre con zapatos de punta cuadrada.

d.-Dumbo.

3.-*¿Dónde vivía el Sr. Drebber, antes de ser asesinado?*

a.-En una casa de campo en Liverpool.

b.-En un pequeño hotel de Londres.

c.-En una mansión de Baker Street.

d.-En un barco, en altamar.

4.-*¿Quién era realmente la anciana que fue a buscar el anillo?*

a.-Robin Hood.

b.- Un actor disfrazado, joven y fuerte.

c.-La abuela de Sherlock Holmes.

d.-La barrendera de Baker Street.

SOLUCIONES CAPÍTULO 8

1.-Completa la oración:

a.-diarios.

b.-prensa.

c.-anciana.

d.-alquiler.

2.-Responde Verdadero o Falso:

a.-F.

b.-V.

c.-V.

d.-V.

3.-Preguntas de selección múltiple:

1.-c.

2.-c.

3.-b.

4.-b.

IX.- EL JOVEN ARTURO CHARPENTIER

INESPERADAMENTE, esa tarde alguien tocó a nuestra puerta.

-¿Quién será esta vez? –le pregunté **en voz baja** a Holmes, evidentemente alarmado-. ¿El asesino?

-¡No se preocupe, mi querido Watson! Le pedí a mi **equipo privado** de investigadores que vinieran a verme.

-¿Su equipo privado de investigadores?

-Así es, Watson. **¡Necesitamos toda la ayuda que podamos conseguir!**

Holmes abrió la puerta y exclamó en voz alta:

-¡Agente Wiggins! ¡Qué bueno que usted logró reunir al equipo después de todo!

Me asomé por la puerta y vi a un agente uniformado acompañado de ¡seis jóvenes **pordioseros**!

-Usted sabe que puede contar con ellos cada vez que los necesite, señor Holmes–dijo Wiggins entregándole un sobre-. Por cierto, ellos vinieron por **la paga**.

-Por supuesto, por supuesto –dijo Holmes sacando unas monedas de su bolsillo antes de darle un chelín a cada uno de los jóvenes pordioseros-. Ya saben, muchachos, sólo sigan las instrucciones del agente Wiggins…

Poco después, llegó el agente Gregson al apartamento.

-¡Mi querido amigo Holmes! –exclamó emocionado-. Vine a darle las gracias por su gran ayuda y decirle que ya no necesitamos sus servicios… ¡Resolvimos el caso!

-¿Resolvieron el caso? –preguntó Holmes sin poder creerlo.

-**Eso es correcto**, señor Holmes. ¡Ya capturamos al asesino!

-¿Capturaron al asesino? –le pregunté con una gran sonrisa- ¡Qué buena noticia!

-Afortunadamente lo arrestamos hace un par de horas. Así que **el caso está cerrado**. Lo importante es que el asesino ya está en la cárcel, de donde **nunca saldrá con vida**.

-¿Quién es el asesino? –preguntó Holmes **intrigado**.

-¡El joven Arturo Charpentier! –contestó Gregson-. ¿Recuerda el sombrero que estaba al lado del cadáver?

-Por supuesto –dijo Holmes encendiendo su pipa.

-Pues, esta mañana llevé el sombrero a la casa comercial que lo había vendido. Como usted recordará, el nombre de la casa comercial estaba en la etiqueta. Por supuesto, le pregunté al gerente si podía decirme a quién se lo habían vendido. Tardó unos minutos en consultar sus libros de ventas y luego me dio el nombre del comprador: Arturo Charpentier. También me dio su dirección y, para mi sorpresa, ¡es el **hijo mayor** de la dueña del hotel donde vivía la víctima!

Holmes fumó de su pipa durante unos segundos antes de hacerle una pregunta a Gregson:

-¿Y cómo concluyó usted que realmente es el asesino?

-Admito que inicialmente no estaba seguro –admitió Gregson-. Por eso fui directo al hotel de su madre. Como él no estaba, hablé con madre, la señora Charpentier. Ella estaba con su hija, una joven muy hermosa. Cuando me vieron, las dos se pusieron muy pálidas. Por supuesto, eso enseguida **levantó mis sospechas**. Y cuando les pregunté si habían oído hablar del crimen, la señora Charpentier se puso muy nerviosa. Sin decir una palabra, respondió afirmativamente con la cabeza. Y entonces su hija comenzó a llorar.

Gregson informó que entonces le hizo varias preguntas a la señora Charpentier y que ella admitió que conocía muy bien a la víctima, el señor Drebber. También le dijeron que el día del crimen lo vieron salir del hotel con su abogado, el señor Stangerson. Pero eso no es todo. Cuando les preguntó si habían vuelto a ver a la víctima, la señora Charpentier lo negó. Pero entonces su hija exclamo llorando:

-¡No podemos seguir mintiendo, mamá! ¡Debemos decir la verdad! ¡Sí, oficial, sí volvimos a ver al señor Drebber!

-¡Que Dios te perdone, hija! -dijo la madre, evidentemente **devastada.**

Gregson las presionó un poco más y finalmente la señora Charpentier aceptó confesarlo todo:

-Como usted sabe, el señor Drebber vivía en nuestro hotel. ¡Pero era un **borracho** y un **mujeriego**, al igual que su abogado, el señor Stangerson! Ellos siempre bebían y discutían. Además **molestaban** a las criadas ¡y también a mi hija!

-¿A su hija? –le preguntó Gregson interesado en lo que ella decía.

-¡Esos borrachos querían conquistarlas a todas! ¡Y yo no podía permitirlo! ¡Precisamente por eso eché al señor Drebber del hotel! ¡Fue el mismo día del crimen! Él me dijo que no le importaba y que se iría a Liverpool con el señor Stangerson. Por supuesto, yo no le dije nada a mi hijo Arturo. ¡Es un joven demasiado violento y quiere mucho a su hermana! Por eso sólo le dije a mi hijo que el señor Drebber había decidido irse a Liverpool y que no regresaría.

-Sin embargo –dijo Gregson-, su hija dijo que esa no fue la última vez que ustedes vieron a la víctima, ¿no es verdad?

-Así fue. El señor Drebber regresó una hora después, esta vez sin su abogado. ¡Estaba completamente borracho! ¡Quería llevarse a mi hija a la fuerza! Por supuesto, ella intentó huir. Pero entonces él la golpeó y la arrastró por el piso. Yo grité. Fue inevitable. Arturo escuchó lo que sucedía, me quitó mi bastón y sacó al señor Drebber del hotel. Pasaron varias horas y cuando mi hijo finalmente regresó me dijo que ese hombre jamás volvería a molestarnos. Y el día siguiente nos enteramos que Drebber había sido asesinado. **¡Eso es todo lo que sé!**

Holmes continuó fumando en silencio mientras terminó de escuchar el revelador relato.

-Poco antes del mediodía, arrestamos a Arturo Charpentier y cerramos el caso –siguió diciendo Gregson-. Es un joven fuerte y alto como usted **predijo**, señor Holmes. Y todavía tenía el bastón que le quitó a su madre y con el cual supuestamente asesinó al norteamericano. Mi teoría es que le dio un fuerte golpe con el bastón en el estómago, sin causarle heridas a la víctima. Luego, como llovía mucho, llevó el cadáver a esa casa vacía. Evidentemente todo lo demás, incluyendo lo escrito en la pared y la sangre, sólo fueron para despistar a la policía.

-¿Ya el joven confesó su crimen? –preguntó Holmes.

-¡Por supuesto que no! ¡Él asegura que es inocente! Dice que después de sacarlo del hotel, Drebber se marchó a la estación de tren a bordo de un coche y que luego él se fue a caminar por la ciudad con un amigo. Por supuesto, ese joven puede decir lo que quiera, ¡pero yo estoy seguro de que él es el asesino!

Gregson acababa de terminar su asombrosa historia cuando inesperadamente llegó el inspector Lestrade. Estaba muy agitado:

-¡El señor Stangerson fue asesinado! –exclamó **jadeante**.

-¿Stangerson fue asesinado? –preguntó Gregson sorprendido-. ¿Usted está seguro?

-¡Por supuesto que estoy seguro! –respondió el inspector-. ¡Acabo de ver su cadáver **con mis propios ojos**! Lo mataron de una **puñalada** y ¿saben qué tenía escrito en su pecho?

Holmes inmediatamente respondió:

-La palabra *"RACHE"*, escrita con sangre, ¿no es verdad, inspector?

-¿Cómo lo supo? –exclamó Lestrade sorprendido por la respuesta.

-Después se lo explicó, inspector. Por lo pronto, todo indica que el crimen fue cometido por el mismo asesino.

-Eso fue lo que pensé cuando vi su cadáver…

-Dígame, inspector –siguió diciendo Holmes-, ¿sabe usted a qué hora lo asesinaron?

-Cuando vi el cadáver estaba fresco, no parecía tener mucho tiempo muerto. Basado en lo que mis investigaciones, a Stangerson lo mataron una o dos horas después del mediodía…

-¿Una hora o dos después del mediodía? –preguntó Gregson alarmado-. ¡No puede ser! ¡A esa hora ya habíamos arrestado al asesino!

DESPUÉS DE LA LECTURA

VOCABULARIO

1-Inesperadamente = unexpectedly

2-En voz baja = in low voice

3-Equipo privado = prívate team

4-¡Necesitamos toda la ayuda que podamos conseguir! = we need all the help we can get

5-Pordioseros = beggars

6-La paga = the pay (the payment)

7-Eso es correcto = that's correct (that's right)

8-El caso está cerrado = the case is closed

9-Nunca saldrá con vida = never leave alive

10-Intrigado = intrigued

11-Hijo mayor = oldest son

12-Levantó mis sospechas = raised my suspicions

13-Devastada = devastated

14-Borracho = drunkard

15-Mujeriego = womanizer

16-Molestaban =molested

17-¡Eso es todo lo que sé! = That's all I know!

18-Predijo = predicted

19-Jadeante = panting.

20-Con mis propios ojos = with my own eyes

21-Puñalada = stab

ACTIVIDADES

1.-Completa la oración:

a.-Al apartamento llegó un ____ uniformado con seis jóvenes pordioseros.

b.-Según Gregson, el asesino era el ____ mayor de la dueña del hotel.

c.-Drebber se marchó a la estación de ____ a bordo de un coche.

d.-A Stangerson lo mataron una o dos horas después del ____

2.-Responde Verdadero o Falso:

a.-Holmes tenía un equipo privado de investigadores ____

b.-El equipo de investigadores de Holmes era de seis ancianas

____

c.-Según Gregson, el asesino de Drebber era Arturo Charpentier____

d.-Stangerson, el abogado de Drebber, también fue asesinado____

3.-*Preguntas de selección múltiple:*

Seleccione una única respuesta por cada pregunta:

1.-¿Cuánto les pago Holmes a los jovenes pordioseros?

a.-Un chelín a cada uno.

b.-Un dólar a cada uno.

c.-Un peso de oro.

d.-Nada. Ellos trabajaban gratis.

2.-¿Qué le dijo el agente Gregson a Sherlock Holmes?

a.-¡Apúrese en resolver el caso!

b.-¡El asesino es el abogado de Drebber!

c.-Ya no necesitamos sus servicios, ¡hemos resuelto el caso!

d.-¡Llegó la Navidad! ¡Tomemos unas vacaciones!

3.-¿Por qué Gregson pensó que Charpentier quería matar a Drebber?

a.-Porque Drebber golpeó a su hermana.

b.-Porque Drebber le debía mucho dinero.

c.-Porque no le gustaba el sombrero de Drebber.

d.-Porque odiaba a los jóvenes altos y fuertes.

4.-¿Cómo murió el abogado Stangerson?

a.-Se suicidó.

b.-Murió atropellado por un coche.

c.-Murió de hambre.

d.-Murió de una puñalada.

SOLUCIONES CAPÍTULO 9

1.-Completa la oración:

a.-agente

b.-hijo

c.-tren

d.-mediodía

2.-Responde Verdadero o Falso:

a.-V.

b.-F.

c.-V.

d.-V.

3.-Preguntas de selección múltiple:

1.-a.

2.-c.

3.-a.

4.-d.

X.- SHERLOCK HOLMES RESUELVE EL CASO

EL INSPECTOR LESTRADE NOS INFORMÓ que una hora antes había investigado un asesinato cometido en el hotel Holliday de Londres:

-Al llegar al hotel –explicó Lestrade-, me llevaron a una habitación en el segundo piso. Junto a la ventana abierta vi el cuerpo sin vida de Stangerson. Había sido **apuñalado**, como ya les dije, y llevaba poco tiempo de muerto.

-Disculpe, inspector –dijo Gregson-, ¿cómo sabe usted que a Stangerson realmente lo mataron una hora o dos después del mediodía?

-¡Porque a esa hora alguien vio al asesino abandonando la escena del crimen! –respondió Lestrade.

-¿Alguien vio al asesino? –preguntó Gregson sin poder creerlo-. ¿Cómo es posible?

-Se lo diré: A esa hora un **lechero** que pasó por el lugar vio a un hombre joven salir por una ventana del segundo piso y bajar por una escalera. Era la habitación de Stangerson. Cuando **interrogué** al lechero me dijo que el joven bajó por la escalera con tanta naturalidad que parecía un obrero del hotel. Lo describió como un hombre alto, fuerte y de cara colorada. Entonces comprendí que era la misma descripción que hizo Holmes. Curiosamente, al revisar los bolsillos de la víctima encontré un **frasco de vidrio** con algunas **píldoras**.

-¿Píldoras, inspector? –preguntó Holmes-. ¿Qué tipo de píldoras?

-No lo sé, pero aquí las tengo –dijo sacando el frasco de uno de sus bolsillos antes de entregárselos al detective.

Holmes me mostró las píldoras y me preguntó:

-Doctor Watson, ¿puede usted decirme si estas píldoras son comunes?

No lo eran.

Las píldoras tenían color gris perla, casi transparente.

-No sé qué contienen, pero parecen solubles en agua –le contesté.

Mi amigo y yo sabíamos que la dueña del edificio tenía un perro viejo y enfermo que ella pensaba sacrificar. Él me pidió que lo buscara y así lo hice. Entonces dividió una de las píldoras en dos partes y disolvió una mitad en agua. Luego colocó la mezcla en un plato y se lo ofreció al viejo animal. Pero apenas bebió el líquido, ¡sufrió **convulsiones** y murió con el cuerpo **retorcido**!

-¡Lo sospechaba! –exclamó Holmes-. ¡Las píldoras contienen un veneno letal!

En ese momento alguien tocó la puerta del apartamento.

¡Era Wiggins!

-¿Consiguieron lo que yo les pedí? –le preguntó Holmes emocionado.

-Sí, señor Holmes –contestó Wiggins con evidente satisfacción-. Hicimos todo según sus instrucciones. El coche lo espera.

-¡Gracias, Wiggins! –le dijo Holmes sacando unas **esposas de acero** del **armario**-. Por favor, Wiggins, dígale al cochero que suba. Necesito hablar brevemente con él.

Gregson, Lestrade y yo nos miramos sin entender nada.

Cuando el cochero subió al apartamento, Holmes cerró la puerta con llave y nos dijo:

-¡Señores! ¡Les presento a Jefferson Hope, el asesino de Drebber y Stangerson!

Todo sucedió muy rápido.

Holmes, con una impresionante velocidad, **le colocó las esposas** al cochero, quien no tuvo tiempo de reaccionar. Segundos después, al verse capturado, enrojeció de ira y unas gotas de sangre brotaron de su nariz…

Entonces intentó escapar.

Empujó a Holmes y saltó hacia la ventana. Pero Gregson y Lestrade saltaron sobre él. Después de **amordazarlo** y atarlo de pies y manos, Holmes nos dijo:

-Señores, finalmente el caso está resuelto. ¡Tenemos al asesino!

-Disculpe, Holmes –le dije a mi amigo sin entender sus acciones-. ¿Cómo sabe usted que este hombre es el verdadero asesino?

-Elemental, mi querido Watson –dijo encendiendo su pipa-. En primer lugar debo decirles que después de visitar la escena del crimen le envié un telegrama al jefe de policía de Cleveland pidiéndole información sobre Drebber, la primera víctima del asesino. Su respuesta fue concluyente.

"El jefe de la policía de Cleveland me informó que poco después de asesinar a una alemana casada con un joven norteamericano llamado Jefferson Hope, a quien Drebber nunca conoció, logró escapar a Europa. **¡Nadie conocía su paradero!** Además, me dijo que Hope quería vengarse y que también había viajado a Europa. Evidentemente, ¡el joven **viudo** seguía los pasos del asesino de su esposa!

"En segundo lugar, como ustedes saben, yo cuento con la ayuda de un grupo de jóvenes pordioseros que me han ayudado a resolver más de un caso. Son chicos de mi entera confianza además de eficientes investigadores. Por eso ayer les pedí que visitaran todos los puestos de coches de alquiler de Londres y buscaran un vehículo de cuatro ruedas, tirado por un caballo con tres herraduras viejas y una nueva. Por suerte no tardaron en encontrarlo y además me dieron el nombre de su conductor: ¡Era Jefferson Hope!

Afortunadamente, el asesino usó su verdadero nombre porque nadie lo conocía en este país. ¡Y ese fue su mayor error!

"Por supuesto, yo sabía que Drebber llegó a la escena del crimen en coche y que el conductor se bajó con él. Cuando examiné el cadáver me di cuenta de que no tenía heridas. Y al oler su rostro, sentí un ligero olor **acre** en su boca. Eso sugería que la víctima había sido envenenada. Fue el mismo veneno encontrado por Lestrade en la ropa de Stangerson. ¡Ambos eran cómplices del crimen! Y como Stangerson sabía demasiado, ¡Hope lo asesinó!

"Tercero y último, la sangre color escarlata de la palabra "*Rache*", que significa "*venganza*", no pertenecía a la víctima. Evidentemente esa sangre vino de la nariz del asesino, producto de una gran excitación. Véanlo ustedes mismos: ¡Tiene sangre en su nariz!

¡El **poder de deducción** de Holmes era increíble!

Efectivamente de la nariz del cochero brotaba sangre, sin haberla golpeado.

Y así fue como este inolvidable caso de **doble homicidio** finalmente fue resuelto por el detective más famoso del mundo, ¡mi amigo Sherlock Holmes!

FIN

DESPUÉS DE LA LECTURA

VOCABULARIO

1-Apuñalado = stabbed

2-Lechero = milkman

3-Interrogué = I interrogated (I questioned)

4-Frasco de vidrio = glass jar

5-Píldoras = pills

6-Convulsiones = seizures

7-Retorcido = twisted

8-Esposas de acero = steel handcuffs

9-Armario = closet

10-Le colocó las esposas = handcuffed

11-Amordazarlo = gagged

12-¡Nadie conocía su paradero! = No one knew his whereabouts!

13-Viudo = widow

14-Acre = acrid

15-Poder de deducción = deductive power

16-Doble homicidio = double homicide

EJERCICIOS

1.-Completa la oración:

a.-Junto a la ventana abierta del hotel Lestrade vio el cadáver de

_____

b.-Cuando el perro bebió el líquido sufrió convulsiones y ____

c.-Holmes dijo que el cochero era el ____de Drebber y Stangerson

d.-El poder de deducción de Holmes era ____

2.-Responde Verdadero o Falso:

a.-El Doctor Watson, dijo que las píldoras era comunes____

b.-Drebber fue envenenado por el asesino ____

c.-La palabra *"Rache"*, significa *"venganza"* ____

d.-El doble homicidio fue resuelto por Lestrade ____

3.-Preguntas de selección múltiple:

Seleccione una única respuesta por cada pregunta:

1.-El lechero dijo que el joven que bajó por la escalera era:

a.-Gordo y calvo.

b.-Alto, fuerte y de cara colorada.

c.-Pequeño y débil.

d.-No vio a nadie bajar por la escalera.

2.-Holmes dijo que las píldoras contenían

a.- Un veneno letal.

b.-Vitamina E.

c.-Agua.

d.-Chocolate.

3.-¿Por qué Jefferson Hope mato a Drebber?

a.-Porque Drebber asesinó a su esposa.

b.- Porque Drebber le pegó a su hermana.

c.-Porque Drebber era un borracho.

d.-Porque Drebber no sabía cocinar.

4.-¿De quién era la sangre escarlata con que escribieron la palabra Rache?

a.-De Drebber.

b.-De un perro muerto.

c.-Del asesino de Drebber.

d.-No era sangre sino lápiz labial.

SOLUCIONES CAPÍTULO 10

1.-Completa la oración:

a.-Stangerson.

b.-murió.

c.-asesino.

d.-increíble.

2.-Responde Verdadero o Falso:

a.-F.

b.-V.

c.-V.

d.-F.

3.-Preguntas de selección múltiple:

1.-b.

2.-a.

3.-a.

4.-c.

ESLC READING WORKBOOKS SERIES

VOLUME 1:
THE LIGHT AT THE EDGE OF THE WORLD
by Jules Verne

VOLUME 2:
THE LITTLE PRINCE
by Antoine de Saint-Exupery

VOLUME 3:
DON QUIXOTE
by Miguel de Cervantes

VOLUME 4:
GULLIVER
by Jonathan Swift

VOLUME 5:
THE ADVENTURES OF SHERLOCK HOLMES
by Sir Arthur Conan Doyle

PUBLISHED BY:
EASY SPANISH LANGUAGE CENTER

TRANSLATED AND CONDENSED BY:
Álvaro Parra Pinto

PROOFREADING AND EDITING:
Magaly Reyes Hill
Dinora Mata Flores

EDITOR:
Alejandro Parra Pinto

CHECK OUT OUR SPANISH READERS IN AMAZON!

CHILDREN´S BOOKS IN EASY SPANISH SERIES

FUNNY TALES IN EASY SPANISH SERIES

VOL. 1: JAIMITO VA A LA ESCUELA

VOL. 2: EL HOSPITAL LOCO

VOL. 3: VACACIONES CON JAIMITO

VOL. 4: EL HOSPITAL LOCO 2

VOL. 5: RIENDO CON JAIMITO

VOL. 6: NUEVAS AVENTURAS DE JAIMITO

VOL. 7: JAIMITO REGRESA A CLASES

VOL. 8: JAIMITO Y EL TÍO RICO

VOL. 9: JAIMITO Y DRÁCULA

VOL. 10: JAIMITO Y MR. HYDE

BEDTIME STORIES IN EASY SPANISH

VOL 1: RICITOS DE ORO Y OTROS CUENTOS

VOL 2: PULGARCITO Y OTROS CUENTOS

VOL 3: LOS TRES CERDITOS Y OTROS CUENTOS

VOL 4: LOS ZAPATOS MÁGICOS Y OTROS CUENTOS

VOL 5: EL GATO CON BOTAS Y OTROS CUENTOS

VOL 6: CAPERUCITA ROJA Y OTROS CUENTOS

VOL 7: RUMPELSTILTSKIN Y OTROS CUENTOS

VOL 8: LOS DUENDES Y EL ZAPATERO Y OTROS CUENTOS

VOL 9: EL SASTRECITO VALIENTE Y OTROS CUENTOS

VOL 10: EL PATITO FEO Y OTROS CUENTOS.

SELECTED READINGS IN EASY SPANISH SERIES

VOL 1: TARZÁN DE LOS MONOS y...

VOL 2: LOS VIAJES DE GULLIVER y...

VOL 3: DE LA TIERRA A LA LUNA y...

VOL 4: ROBINSON CRUSOE y...

VOL 5: VIAJE AL CENTRO DE LA TIERRA y...

VOL 6: CONAN EL BARBARO y...

VOL 7: EL RETRATO DE DORIAN GRAY y...

VOL 8: DR. JEKYLL AND MR. HYDE y...

VOL 9: LA ISLA MISTERIOSA y...

VOL 10: DRÁCULA y...

VOL 11: ROBIN HOOD

VOL 12: LA VUELTA AL MUNDO EN 80 DÍAS

CHECK OUT OUR SPANISH READERS IN AMAZON!

43720456R00082

Made in the USA
San Bernardino, CA
24 December 2016